图书在版编目（CIP）数据

赢在口才 / 郝文龙编著. -- 济南 : 山东科学技术出版社, 2024.9. -- ISBN 978-7-5723-2318-8

Ⅰ. H019-49

中国国家版本馆CIP数据核字第2024UN8109号

赢在口才

YING ZAI KOCAI

责任编辑：孙雅臻　庞晓峰

主管单位：山东出版传媒股份有限公司
出　版　者：山东科学技术出版社
　　　　　　地址：济南市市中区舜耕路 517 号
　　　　　　邮编：250003　电话：（0531）82098088
　　　　　　网址：www.lkj.com.cn
　　　　　　电子邮件：sdkj@sdcbcm.com
发　行　者：山东科学技术出版社
　　　　　　地址：济南市市中区舜耕路 517 号
　　　　　　邮编：250003　电话：（0531）82098067
印　刷　者：三河市南阳印刷有限公司
　　　　　　地址：河北省三河市杨庄镇杨庄村
　　　　　　邮编：065200　电话：（0316）3654999

规格：32 开（145 mm×210 mm）
印张：3　字数：140 千字
版次：2024 年 9 月第 1 版　印次：2024 年 9 月第 1 次印刷
定价：49.80 元

前言

  每一个青少年的心中都怀揣着无数个梦想，期盼在成长的道路上绽放属于自己的光彩。无论是在学校的演讲台上，还是在与家人、朋友的交流中，甚至是在面对生活中的挑战时，我们都希望能够自信地表达自己，准确地传递思想和情感，这就显示出了口才在各个场景中的重要性。

  口才如同一把神奇的钥匙，不仅能为我们打开通往成功的大门，更能够让我们在人生的舞台上尽情展现风采。它不仅仅是简单的说话技能，更是一种综合能力的体现。通过不断学习和练习，我们可以逐步掌握这把钥匙，让自己在各个场景中都能以最好的状态示人，成为自信、有魅力和影响力的化身。

  鉴于此，我们编写了《赢在口才》这本书。本书以青少年的实际需求为出发点，通过丰富生动的例子和实用的技巧，深入探讨了口才的提升之道。从有效沟通的技巧到校园内外的交流策略，再到与家人朋友的沟通技能，每一章节都旨在帮助你们成为表达自如、充满魅力的人。

在本书中，我们将一起探索口才背后的奥秘和力量。口才并非天赋，而是通过后天的努力和实践逐步培养和提升的。不管你是刚刚踏入青春期的少年，还是正处于追寻梦想路上的青年，本书都将成为你成长道路上的得力伴侣。让我们一同翻开《赢在口才》，开启一段精彩且充实的口才提升之旅。

拥有良好的口才，不仅能让你在社交中游刃有余，还能让你的内心变得更强大。通过不断的思考和总结，你能逐步战胜内心的恐惧和不安，逐渐培养出自信和淡定的态度。这种自信将成为你度过青春岁月的宝贵财富，并展现出你独特的个人魅力。在未来的日子里，只要你愿意付出努力，本书将成为你成长路上的好帮手。

通过阅读本书，每位读者都能逐步掌握清晰表达思想的技巧，学会与人交流时保持自信与从容。愿每一个青少年读者都能够抓住机会，勇敢地追求心中的梦想，成为那个独一无二的自己！

编　者

目录

第一篇　好的沟通离不开好口才

沟通提问要有技巧……………………………………… 2
沟通可以带点幽默感…………………………………… 7
与人沟通要耐心倾听…………………………………… 12
赞美一定要真诚恰当…………………………………… 17

第二篇　校园生活离不开好口才

意见不合要多沟通……………………………………… 24
团队沟通要保持平和…………………………………… 29
讨论发言要有秩序……………………………………… 34
演讲要观点明确………………………………………… 39

第三篇　与父母沟通离不开好口才

主动分享你的想法……………………………………… 46
经常向父母表达感激…………………………………… 51

用沟通减少隔阂……………………………………… 56
开口说话要有礼貌…………………………………… 61

第四篇　社交生活离不开好口才

做好自我介绍………………………………………… 68
尊重他人的隐私……………………………………… 73
插话要讲究时机……………………………………… 78
别只顾着自己说话…………………………………… 83
小　　结……………………………………………… 88

第一篇
好的沟通离不开好口才

俗话说：良言一句三冬暖。在与人沟通交流的过程中，要想达到"三冬暖"的表达效果，既需要我们说出善意且有益的话语，又要有好的表达，即好的口才。口才是一项可以通过后天培养获得的技能，只要我们掌握了沟通的要领，通过持续的学习和不断的练习，都能够拥有好的口才，成为社交场上的"万人迷"。

沟通提问要有技巧

沟通故事

浩浩和小凯是一对好朋友,浩浩活泼开朗,小凯性格内敛,他们两个经常在一起玩儿。这天,浩浩的妈妈给他买了一个新玩具,他非常开心,放学以后便迫不及待地叫着小凯和他一起拼搭。在回家的路上,心情很好的浩浩不停地说着这个玩具多么来之不易,拼搭好了会多么酷炫,小凯只是偶尔轻声应和一下。

到家以后,他们两个人就开始拼搭了起来。看着小凯一副闷闷不乐的样子,浩浩问道:"小凯,你今天怎么了啊?看起来好像不太开心。"小凯说:"没有,我只是今天上完体育课有点儿累而已。"浩浩说:"我觉得今天体育课不累啊,你是不是不想和我一起玩啊?"小凯听了没有说话。浩浩一看小凯没有回答自己,接着说:"你是不是觉得我一个劲儿和你讨论玩具的事情是在炫耀啊?"小凯满脸尴尬地说:"没有,你想多了。"浩浩说完以后也觉得很后悔,此后两

个人虽然仍在一起玩儿,但是气氛一直特别尴尬,没一会儿小凯就回家了。浩浩意识到,这都是自己不恰当的提问造成的。

VS 沟通实战

如果你是故事中的浩浩,你会怎么向小凯提问呢?下面一起来看看不同的表达方式会带来怎样的沟通效果吧!

低情商表达

我这个玩具可是求了妈妈好久,她才同意买的呢。

这个玩具确实不错。

高情商表达

你看我这个玩具怎么样?我妈妈刚给我买来,我第一时间就找你分享啦!

我真荣幸!我也很喜欢这个玩具,咱们一起把它拼起来吧!

沟通技巧

在沟通的过程中,要想明白他人的需求和想法,就要讲究提问的技巧。

1. 交代提问的背景

技巧举例:"您好,我是您的书迷,您编写的书我都读过。您刚出版的这本新书我已经看过了,写得太好了。"

2. 开放式提问

技巧举例:"您这本新书的写作题材和以前的那些作品略有不同,请问您能详细讲一下您的创作灵感吗?"

3. 引导式提问

技巧举例:"虽然我是一个小学生,但我也想成为像您一样的优秀作者,请问您觉得我应该从哪些方面努力呢?"

4. 深入式提问

技巧举例:"都说艺术源于生活,您这本书里的故事来自您的现实生活吗?您愿意和我们分享一下吗?"

5. 表达感受和谢意

技巧举例:"感谢您在百忙之中耐心地回答我的提问,今后我会以您为榜样,在写作这条路上不断努力。"

沟通实例

"敏敏,咱们班的英语角已经办了一个学期,虽然大家的英语都有进步,但我觉得你的进步最为明显,不仅能够独立阅读英语文章，发音也特别标准。"

"谢谢！"
"请问你有没有学习英语的小窍门呢？"
"其实我也没有什么窍门，我只是每天都坚持学习新单词。"
"那你愿意把你的学习方法分享给我们吗？"
"当然可以了，我记单词主要是记音标，我每天都坚持学习二十个新单词，每个星期我还会看一部英文电影。"
"谢谢你的分享！你的方法太好了，我以后也要按照你的方法学英语。"

💡 注意事项

1. 在提问之前先打一个草稿，并对准备的问题进行筛选，以确保问题的合理性。

2. 以尊重为前提向他人提出问题，遣词用句要准确，语气要和缓，避免使用讽刺、贬低的语言。

3. 提问要根据场合和对方的状态做出相应的调整，这样可以避免让双方陷入尴尬。

4.提问者应该具有包容性，能够放下偏见，允许不一样的观点存在。

5.营造和谐自然的提问环境，所提问题应该具有开放性，鼓励大家互相交流。

暖心叮咛

如果说沟通是拉近彼此关系的一道门，提问就是那块敲门砖。通过友好而恰当的提问，可以让人感受到我们的善意，向我们伸出友谊之手。在提问之前，我们要先学会倾听对方的想法和感受；在提问的时候，我们也要释放自己的善意和诚意，使用柔和温暖的语言，让对方感觉到被尊重。让我们学会用真诚友好的提问搭建友谊的桥梁吧！

我最近读了您的新书，从中收获很多。您能和我分享一下您的写作经验吗？

我很荣幸。

沟通可以带点幽默感

> **沟通故事**

春天来了，和煦的春风吹开了桃红柳绿。这天，张华约自己的好朋友王鹏一起去森林公园跑步。两个人跑了一会儿，觉得不太尽兴，于是决定进行一场比赛，看谁先到达公园的北门。比赛开始以后，王鹏很快就把张华远远地甩在了后边，等到张华气喘吁吁地到达公园北门的时候，王鹏已经坐在那里等十多分钟了。张华边喘气边说："王鹏，你是踩风火轮了吗？怎么跑这么快？"王鹏一脸认真地说："世界上哪有风火轮啊，我就是跑得快而已。"听了王鹏的回答，张华觉得有一点儿尴尬。虽然他知道王鹏平时是一个一本正经的人，但是不管自己怎么开玩笑，王鹏都一脸严肃，张华未免觉得有点扫兴。

在后来的游玩中，张华也幽默不起来了。王鹏察觉到张华的情绪问题，经过询问才知道是自己的原因导致了冷场，引起了朋友的不开心，他感到非常抱歉。其实，他内心深处很羡慕张华幽默风趣的性格，但是自己说话的

时候总是缺少幽默感。王鹏决心在今后的沟通中也要培养自己的幽默感。

沟通实战

如果你是故事中的王鹏，你会怎么让自己说话更有幽默感？下面一起来看看不同的表达方式会带来怎样的沟通效果吧！

低情商表达

你跑得太快了，简直像踩了风火轮。

哪有风火轮，单纯是我跑得快。

高情商表达

你跑得太快了，就像踩着风火轮的哪吒。你看这一会儿，我就落下你这么大一截。

我现在感觉自己和哪吒差得就只有三头六臂了，浑身充满了力量！

沟通技巧

幽默就像万金油，能化解很多问题。在不同场合，幽默的作用也会有所不同。

1. 化解尴尬

技巧举例："我的话讲完以后，大家都没什么反应。看来这个话适合在夏天讲，是一个冷笑话。"

2. 表达感谢

技巧举例："对于我而言，你简直是阿拉丁神灯一样的存在，总是在我最需要帮助的时候出现。"

3. 缓解情绪

技巧举例："这次考试没有考好没关系，不是有句话叫'失败是成功之母'嘛，就当这次又给成功当了一次妈妈，好好准备下次，一定可以当失败之子。"

4. 巧妙拒绝

技巧举例："我觉得你周末去爬山的想法太棒了，我的心愿意跟你一起去爬山，但我的身体已经被家里的床给扣留了，它要求拘留我48小时，不得保释。"

5. 自嘲

技巧举例："你可千万别说鱼的记忆力不好，鱼还有七秒钟的记忆呢，我觉得我还不如鱼，前边说后边忘。"

沟通实例

如果让我形容的话，我觉得我们的班级就像一个动物园，不仅每个人都有自己的特色，而且他们还有"变身"的本领，环境不同，他们的形态也会不同。当我们犯错的时候，会表现得胆小如鼠，班主任就会像老虎一样，给我们一些震慑。平时老师就像田里耕作的老牛，为了让我们茁壮成长，勤勤恳恳，兢兢业业。上课时，我们就像温顺的小绵羊，乖乖地坐在课桌前听讲；下课后，我们就像活泼的猴子，上蹿下跳；放学以后，很多同学就像是脱了缰的野马，一溜烟儿就不见了。

我觉得我们的班级就像一个动物园。

注意事项

1. 幽默需要以善意和尊重作为前提，不能借机打压或者贬低他人，以免对他人造成伤害。

2. 不同的人对幽默的接受度不同，在开玩笑之前要充分了解对方的性格和喜好。

3. 幽默要分场合、讲分寸。在严肃的场合说幽默的话是一种不合时宜的做法，过度幽默也会让人感觉被冒犯。

4. 在使用幽默时要观察对方的反应，及时调整自己的语言。如果冒犯到别人，要真诚地向对方道歉。

暖心叮咛

　　幽默是一把双刃剑。恰到好处的幽默就像一根羽毛,轻轻触碰皮肤就能让人发笑。它能迅速拉近人与人之间的距离,消除彼此的尴尬与隔阂,带给人温暖和快乐。然而,不合时宜的幽默则会伤害他人感情,引起矛盾和误会。其实,幽默本身是没有错的,关键在于使用它的人。如果我们能掌握幽默的要领,善用幽默的力量,它可以让我们的沟通变得更顺畅。

与人沟通要耐心倾听

> 沟通故事

一个风和日丽的周末,壮壮和多多一起来公园玩。壮壮新得了一个玩具,他从看见多多就开始不停地说这个玩具多么炫酷。"多多,你看我新买的这个玩具好不好玩?"多多看了看,说:"很好玩,可是……"没等多多说完,壮壮接着说:"我也觉得它太好玩了!你看,它还可以变形呢。你知道怎么给它变形吗?"多多回答说:"不知道,我觉得……""其实很简单的,我来教你吧!我昨天拿到手就开始研究它的玩法了。"

一心沉浸在新玩具里的壮壮再次忽略了多多的话,继续向多多展示自己的新玩具。"壮壮,这个确实……"没等多多把话说完,壮壮又插话说:"我马上就变形完成了,等我玩完这次,

借给你玩一玩。""我不玩了,你自己玩吧!"多多大声说。此时,壮壮才注意到多多生气了,连忙询问原因。多多说:"每次我开口说话总是被你打断,我已经不想玩了。"壮壮听完以后,才意识到自己确实没有耐心倾听多多的话,于是真诚地向多多道歉。

沟通实战

如果你是故事中的壮壮,你该怎么和多多沟通呢?下面一起来看看不同的表达方式会带来怎样的沟通效果吧!

低情商表达

你看我这玩具是不是很好玩,我跟你说啊……

其实我……

高情商表达

我的新玩具是不是很炫酷?我第一个和你分享,是不是很够意思?

我也早就想买这个玩具了,真高兴能和你一起玩。

沟通技巧

耐心倾听是一种非常重要的沟通能力,我们要掌握好倾听的技巧。

1. 表达关注

技巧举例:"我刚刚也仔细地看了你的这个新玩具,确实很酷,我还是第一次见这种玩具,你愿意给我讲一讲它的玩法吗?"

2. 表达理解

技巧举例:"如果我没有理解错的话,你的意思是将现在的这个十人学习小组拆分成两个五人学习小组,两组竞赛,对吗?"

3. 鼓励对方

技巧举例:"别着急,慢慢说!我现在有的是时间,你可以平复一下心情,慢慢地讲给我听。"

4. 表达同理心

技巧举例:"你的这种心情我非常能理解,如果换作是我,可能也是跟你一样的反应,也许我做得还不如你呢。"

5. 循循善诱

技巧举例:"你的这个提议真的让人耳目一新,我怎么就没想到呢?我对此很感兴趣,你能再具体给我讲一讲吗?"

沟通实例

"晶晶,我知道你最近在忙着竞选班长,这让你很有压力。

你是我最好的朋友,如果你感觉心情不好,可以找我聊一聊,我非常愿意倾听你的心声。虽然我没有竞争班干部的经验,但是作为班级的一员,我知道大家想要选一个什么样的班长。当局者迷,旁观者清。或许我可以提出一些有助于你竞选的小建议。不要给自己太大压力,你已经表现得足够优秀了,如果换成是我,肯定做得远远不如你细致入微。只要你愿意,我会随时为你敞开友谊的大门,倾听你的心声。"

注意事项

1. 注意肢体语言和眼神的接触,在倾听他人说话的时候可以身体坐直,微微前倾,与对方有眼神交流。

2. 不要随意打断对方的话,将可能对沟通造成干扰的电子设备等关掉。

3. 用心倾听,记住对方所说的话里的要点,以便做出准确和有针对性的回应。

4. 尊重他人，不追问对方的隐私，即使知道了对方的隐私，也要做到守口如瓶。

5. 不预设立场，不带有偏见，以公正、客观的态度去理解和倾听对方的观点。

暖心叮咛

虽然每个人都有表达的欲望，但并不是每个人都具备倾听的智慧。当你耐心倾听的时候，不仅能听到对方的声音，走入对方的内心，还能让我们自己的世界更加宽广。我们的心灵因为倾听而不再孤独，品格因为倾听而显得高贵。让我们怀有一颗善良的心，耐心地倾听他人的声音吧！让倾听作为纽带，将心与心连接在一起，让世界充满尊重和温暖。

第一篇　好的沟通离不开好口才

赞美一定要真诚恰当

沟通故事

周末，邻居家里传来一阵阵欢声笑语。原来，今天是悠悠的生日，她邀请了几位关系要好的同学来家里一起庆祝。正当大家玩得开心的时候，门铃响了，原来是芳芳。芳芳一看到悠悠，就表情非常夸张地说："哇，你今天太漂亮了，我觉得你穿上这条裙子就像仙女下凡。"听了她的话，悠悠说："哪有那么夸张，快进来和大家一起吃水果吧！"

芳芳进门以后，看到悠悠家的装修非常豪华，非常羡慕，又对悠悠说："你家的装修真漂亮啊！进了你家就像进了宫殿一样。"悠悠感觉有一点尴尬，笑了笑没说话。芳芳接着说："悠悠简直像个小公主一样，你们看她的卧室，全是各种手办和玩偶，好羡慕她啊！跟她一比较，我觉得自己像是灰姑娘。"此时，大家脸上的表情都很耐人寻味，悠悠脸色也有点儿不太好看。下午的时候，等大家都回家以后，芳芳问悠悠为什

你今天就像仙女下凡一样。

哪有那么夸张啊。

么大家看她的眼神怪怪的,悠悠回答说:"那是因为你今天说话太夸张了。"听完以后,芳芳陷入了沉思。

沟通实战

如果你是故事中的芳芳,你会怎么赞美悠悠?下面一起来看看不同的表达方式会带来怎样的沟通效果吧!

低情商表达

悠悠,你简直比仙女还美丽。

哎呀,你太夸张啦。

高情商表达

你今天穿的这件衣服真的很适合你,颜色和款式都让你看起来格外漂亮。

这是我最喜欢的裙子,我妈妈给我买的。

沟通技巧

在沟通交流过程中，赞美他人有助于增进彼此之间的关系，但也要注意使用技巧。

1. 赞美要具体化

技巧举例："在今天所有的参赛作品里，我觉得你写得最棒了。不仅因为你的字迹工整，更因为你的遣词造句都是那么生动有趣。"

2. 赞美要及时

技巧举例："你刚刚提出来的想法太棒了，我们最近都在发愁怎么分配学习小组的事情，你这个想法有效地解决了我们的难题。"

3. 赞美要真诚

技巧举例："我觉得你的表现太棒了，完全出乎我的意料。我原以为今天的比赛咱们可能会被直接淘汰，没想到你让咱们的队伍进入了加时赛。"

4. 赞美要出其不意

技巧举例："你真是太令我刮目相看了，以前我只知道你在学习方面出类拔萃，没想到你还会弹吉他、跳街舞，你可真是一个不断给人惊喜的宝藏男孩啊！"

沟通实例

今天，咱们学校和第一中学的这场足球赛实在是太激动人心了。咱们球队的实力已经很强了，没想到第一中学的校队实

力也不容小觑。他们的攻势太过猛烈,而且有主场优势,士气比咱们队高很多。原本我以为今天咱们肯定要输了,没想到你替补上场以后表现得那么棒,不管进攻还是防守都表现得可圈可点,尤其是那个任意球,直接将比分追平了。如果不是这样,咱们也进入不了加时赛环节,也就不能赢得这次比赛。你真是太了不起了!

💡 注意事项

1. 赞美他人时要做好面部表情管理,表情不要夸张,态度要真诚,最好是看着对方的眼睛赞美。

2. 不要过度赞美,过度赞美会适得其反,给人留下不真诚的印象,惹人反感。

3. 要有边界感,尊重他人的隐私,尽量避免在赞美他人的时候侵犯对方的隐私。

4. 赞美他人要分场合和时机。选对赞美的时机会让人

第一篇 好的沟通离不开好口才

感觉如沐春风，选错时机则会让人感觉被冒犯。

5.夸奖他人要具体，不应该泛泛而谈，否则可信度会大打折扣。

暖心叮咛

赞美就像是沟通的助推器，能够拉近人与人之间的距离。在这个世界上，每个人都是独一无二的存在，都渴望被看到、被肯定。当你以真诚的态度去赞美他人时，你的言语就会像阳光一样照在对方的心田上。在赞美他人的时候，我们的言语要具体而温暖，态度要温和而善良。试着去真诚地赞美身边的人吧，让我们的生活因为赞美而更加精彩！

你不仅聪明，还很善良。

老师，谢谢您。

第二篇
校园生活离不开好口才

校园生活如同一幅多彩的画卷，每一笔都离不开好口才的点缀。好口才不仅让表达变得生动有趣，还是连接友谊、展现自我的桥梁。好口才就像魔法棒，能让我们的想法闪耀光芒，让沟通无障碍。小朋友，让我们一起学习如何清晰、自信地表达，让校园生活因你的声音而更加精彩！

意见不合要多沟通

> 沟通故事

这天,小强和小丽在图书馆因为班级文化节的活动方案发生了争执。小强想办传统诗词朗诵会,觉得这样能弘扬优秀传统文化;小丽则想搞现代艺术展览,觉得这样更创新。两人都觉得自己的点子能让班级文化节大放异彩,但因为太忙,没顾上细聊,结果误会越来越大,每次见面连话都不愿意多说了,眼神里满是疑惑和失落。同学们看在眼里,急在心里,却不知道怎么帮他们。

眼看文化节就要到了,两人的矛盾还是没解决。这时,班长小杰提议开个紧急会议,让大家把心里话都说出来,一起想办法。

会上,小强和小丽终于面对面坐下了。一开始,气氛还有点儿紧张,但在小杰的鼓励下,他们开始说出各自的想法和顾

今天咱们有什么问题就在这儿解决好了再回去。

这次是我们不对,没有提前做好沟通。

虑。随着对话的深入，两人慢慢理解了对方的立场和用心，也开始意识到他们的目标是一致的，都是想让班级文化节更加精彩。

就这样，两人的关系渐渐缓和了，他们也开始期待一起合作，为班级带来一场别开生面的文化节。

沟通实战

如果你是故事中的小杰，你会怎样消除这次误会呢？下面一起来看看不同的表达方式会带来怎样的沟通效果吧！

低情商表达

你俩这样太自私了，因为你俩影响全班的心情！

你以为我愿意拉着脸呀，我还觉得烦呢！

高情商表达

咱们都是为了班级荣誉，不要因为这点儿小事影响咱们班拿奖呀！

这次是我不对，遇到问题应该及时解决。

沟通技巧

当你和小伙伴的想法不一样时，记得要冷静、友好和尊重对方。下面这些秘诀可以帮助我们好好说话。

1. 先说理解

技巧举例："嘿，我们想法不一样呢，这挺有意思的，因为每个人都有自己的想法嘛。"

2. 说说我的想法

技巧举例："我想先说说我的想法，我觉得……（简单说说你的想法和为什么）"

3. 听听你的想法

技巧举例："现在，我特别想知道你是怎么想的，为什么你会这样想呢？"

4. 找找共同点

技巧举例："我们有没有什么地方是想到一起的？比如，我们都想……（说一个大家都同意的点子）"

5. 想个新办法

技巧举例："虽然我们想法不同，但我们可以想个办法，把两个想法都放进去，比如……（提出一个两个人都喜欢的点子）"

沟通实例

我发现，在这件事上我们的看法好像有点儿不太一样。这很正常，毕竟每个人都有自己的想法和观点。我觉得咱们可以

第二篇
校园生活离不开好口才

试着把自己的想法说出来，相互了解一下对方的想法。说不定，我们能从对方的角度里受到一些新的启发。即使我们的意见还是不一样也没关系，重要的是我们一起探讨的过程以及我们之间的友谊。所以，别担心，只要大家一起努力，就一定能找到好办法。

💡 注意事项

1. 积极倾听：尊重对方，用心聆听，理解需求。
2. 表达清晰：用简洁的语言明确意图，避免误解。
3. 尊重差异：平等对待不同意见，视为协商契机。
4. 探索解决方案：开放心态，共同探索，追求双赢。
5. 适度妥协：寻找平衡点，最大化整体利益。
6. 情绪管理：保持冷静，维护和谐的谈话氛围。

暖心叮咛

在这个多彩的世界，每个人都是独特的花朵。和朋友在一起时，意见不同很正常。不要一味地争论，要温柔地说出自己

的想法，也用心倾听对方的想法。就像拼图一样，虽然每片都不一样，但是只要大家合作，就能拼出美丽的图。

下次我们沟通时，都应该认真听一下对方的想法！

好的，这样就不会产生误会了！

团队沟通要保持平和

沟通故事

小李是篮球队中的得分高手,但性格急躁。在一次赛前战术讨论会上,教练提议采用新的防守策略以应对强敌。小李听后,立刻皱起眉头,打断教练说:"那种防守太慢了,我们会失去进攻机会的!"他的语气中充满了不耐烦。

队友们面面相觑,原本热烈的氛围瞬间冷却下来。队长小张试图解释新策略的优势,却被小李的固执打断。队员们开始私下议论,队伍内部的和谐氛围也被破坏了。

球队遭遇了惨败,每个人都心情沉重。赛后,教练召集全队集合。他并没有立即责备大家,而是引导大家进行了一场"心连心"的对话。每个人轮流分享自己在比赛中的感受和对战

术的看法，小李在倾听中意识到自己的自私和冲动给团队带来了多大的伤害。他准备主动站出来，却不知该如何向教练和队友道歉，害怕队友们不会原谅自己，于是陷入了深深的自责中。

沟通实战

如果你是故事中的小李，你会怎样化解这次因为沟通带来的团队危机？下面一起来看看不同的表达方式会带来怎样的沟通效果吧！

低情商表达

这次比赛输了就输了，有什么大不了的。

我们队里怎么会有你这样的人，简直讨厌！

高情商表达

这次比赛的失误，也有我的原因，希望能得到大家的原谅。

通过一场比赛发现问题，并及时解决问题，也是一件好事儿。

沟通技巧

在学校小队里，我们怎么说话才能让大家都开心，一起努力做好事情呢？来看看这些小贴士吧！

1. 开始时的温馨话

技巧举例："嘿，小伙伴们，我们能聚在一起，真棒！让我们一起努力把这场比赛拿下！"

2. 鼓励大家说想法

技巧举例："现在轮到你了，快说说你的想法吧！我们都很想知道呢！"

3. 说自己的想法时

技巧举例："我觉得这样可能更好……（简单说说你的想法），因为……（告诉大家为什么）"

4. 遇到不同意见怎么办

技巧举例："虽然我们的想法不同，但我们都是想让小队变得更好。我们可以一起商量个大家都喜欢的方法。"

5. 合作起来力量大

技巧举例："只要我们手拉手，心连心，就没有解决不了的问题！"

6. 做完事情后的总结

技巧举例："接下来，我们要按照刚刚说的去做，每个人都要加油哦，别忘了自己的小任务！"

7. 最后的小鼓励

技巧举例："谢谢大家，因为有你们，我们的每一次合作都那么开心和成功！"

沟通实例

我们每个人都是团队不可或缺的一部分，我们的目标是一致的，就是为了让团队更好地前进。所以，在遇到分歧或者问题时，我们要尽量保持冷静和理智，不要用情绪化的言语去攻击或者指责他人。我们要相信，每个人都有自己独特的价值和贡献，只有相互尊重和理解，才能共同创造出更好的成果。当我们遇到不同的意见时，可以尝试换位思考，理解对方的立场和想法，然后一起探讨如何找到一个大家都能接受的解决方案。记住，沟通是为了解决问题，而不是为了争吵或者赢取胜利。只有保持平和的心态，才能让团队的沟通更加顺畅，让团队的合作更加紧密。

注意事项

1. 明确目的：沟通前确立清晰的目标与期望，聚焦核心议题。

2. 建立信任：营造信任环境，鼓励真实表达。

3. 积极倾听：尊重差异，不打断，全面理解他人的观点。
4. 清晰表达：言简意赅，条理清晰，避免歧义。
5. 正面反馈：认可贡献，激励合作，增强团队凝聚力。
6. 公正解纷：及时处理分歧，以建设性的方式化解冲突。

暖心叮咛

每个人都有自己的想法，就像天上的星星一样，虽然各不相同，但正是这些不同的想法汇聚在一起，才让我们的团队更加多彩和闪耀。

我们发言时，要清晰明了，还要有礼貌。倾听别人时，则需要耐心和包容，因为每个人都有其独特的观点和故事。

所以，当我们遇到冲突时，最重要的是要尊重对方，学会换位思考。这样一来，即使我们之间有鸿沟，也能慢慢变成小溪甚至消失不见。

讨论发言要有秩序

> 沟通故事

慧慧刚上小学三年级,是个拥有无限创意却稍显急躁的小女孩儿。一天,班里围绕着"梦幻森林"主题展开了创作构思的讨论。开始时,孩子们围坐成圈,轮流分享自己心中的奇幻世界,氛围既温馨又有趣味。

然而,随着时间的推移,慧慧的急切情绪逐渐显现。每当有同学描绘出精彩片段时,她总是忍不住插话,迫不及待地想要展示自己更为宏大的构想。起初,大家以为她是想增添色彩,但这种行为很快就让讨论变得杂乱无章,每个人的思维连贯性都被打断了。

同学们开始感到失落,原本创意四溢的火花在无序中渐渐熄灭,和谐的氛围也被一丝焦虑笼罩。张老师敏锐地捕捉到了

这一变化,她决定引导孩子们重新认识沟通的重要性。于是,她提议暂停讨论,让慧慧先冷静下来。慧慧在冷静的过程中也开始反思自己刚才的行为,于是来到张老师身边,准备寻求解决的办法。

沟通实战

如果你是故事中的慧慧,你会怎样让课堂活动继续下去?下面一起来看看不同的表达方式会带来怎样的沟通效果吧!

低情商表达

我那么积极地回答问题,你们怎么一点儿也不搭理我!

你自己不遵守规则,怎么还埋怨别人!

高情商表达

对不起,我的讨论影响大家的思绪了。

下次我们举手回答问题,就不会影响别人啦!

沟通技巧

班级大冒险讨论会，我们定个规则，让发言闪亮登场！

1. 开场小冒险

技巧举例："今天我们要轮流变成小探险家，分享各自的想法。"

2. 举手变魔法

技巧举例："想要发言的小伙伴，快施展你的'举手魔法'吧！"

3. 耳朵的秘密

技巧举例："当小伙伴在分享时，我们要用大大的耳朵认真倾听。"

4. 时间小闹钟

技巧举例："每位小探险家的发言时间，就像小闹钟一样，响两次就结束啦。"

5. 友好补充与探险挑战

技巧举例："如果听完小伙伴的发言，你有新发现或者想挑战一下，也请举手哦！"

6. 宝藏总结

技巧举例："现在，我们一起来整理这些宝藏，看看还能发现什么新的探险路线！"

7. 勇敢发言

技巧举例："记住哦，每个人都是独一无二的探险家，你的想法很新颖。"

沟通实例

在讨论的过程中，为了确保我们能够高效、有序地交流，请大家注意发言的秩序。首先，请一位参与者开始发言，其他人先倾听。当一位发言者结束时，我们可以稍停顿，让其他人有机会思考，然后请下一位发言。如果有多人想同时发言，可以举手示意，我会尽量按照顺序给大家机会。同时，也

请大家尊重每位发言者的观点，即使在有不同意见时，也请先听完对方的发言，再进行补充或反驳。这样一来，我们的讨论才能更加有序、高效，也更容易达成共识。感谢大家的配合和理解，现在让我们开始有序地讨论吧。

💡 注意事项

1. 设定发言规则：举手示意、时间限制，尊重他人发言。

2. 使用工具管理发言顺序，如卡片、姓名标签或在线协作工具。

3. 设立主持人，维持秩序，引导话题，确保参与机会均等。

4.鼓励倾听,不打断,通过积极反馈鼓励发言者。
5.尊重不同观点,理性表达,避免攻击或贬低。
6.主持人灵活调整讨论流程,应对偏离主题或僵局情况。

暖心叮咛

班级讨论就像一场有序的接力赛,想要发言就需要先举手,耐心等待老师的点名。当轮到你发言时,要清晰、大声地表达你的观点,如同传递接力棒一般坚定而有力。当他人发言时,应当全神贯注地倾听,用眼神给予他们支持和鼓励,这是尊重与理解的体现。讨论的过程就像品尝一盒多彩的彩虹糖,每个人的观点都如同其中一颗独特的糖果,只有轮流分享,我们才能领略到哪一种思想最为甜美。切记,不要急于抢话,要让每一个观点都有机会被听见、被理解。这样一来,我们的讨论就会像一场精彩的魔法表演,充满欢笑与智慧的火花。

演讲要观点明确

沟通故事

在一个温暖的午后，小学五年级的云云站在了班级演讲的讲台上，准备分享她的"未来城市构想"。她在心中勾勒出一座充满科技与绿色的梦幻之城，但站上舞台的那一刻，紧张感让她的话语变得散乱。

云云一会儿畅谈空中花园的奇景，一会儿又跳跃到智能交通的便捷，每个构想都如流星般闪过，却未能连成璀璨星河。同学们的脸上写满了不解，教室里弥漫着淡淡的失望。

演讲结束，云云低垂着头，心里五味杂陈。她意识到，那些美好的愿景因缺乏明确的主线而未能打动人心。这时，张老师走过来，轻声细语："云云，你的想象很丰富，但就像散落的珍珠，需要一根线将它们串联起来。"

云云也意识到了自己在演讲中出现的问题,于是沉默地低下头,开始反思自己。

VS 沟通实战

如果你是故事中的云云,你会怎样反思自己呢?下面一起来看看不同的表达方式会带来怎样的沟通效果吧!

低情商表达

反正都已经讲完了,成绩无所谓的!

你这样想可就错啦!

高情商表达

通过这次比赛,我发现好多地方需要改正,是一次很好的成长机会。

善于总结问题,以后成长的空间会越来越大。

沟通技巧

在学校的演讲会上,我教大家几个既简单又有趣的小技巧,让你说出自己的想法,就像讲故事一样,认真听完还能记住你的观点。

1. 像变魔术一样引出话题

技巧举例:"今天,我就要带你们一起探索科技魔法怎么让学习变得更酷!"

2. 说说你的想法

技巧举例:"戴上神奇的眼镜,就能去海底看鱼儿游泳,好像自己也在海里自由自在地生活一样!"

3. 为什么这个想法很重要

技巧举例:"如果我们都能用自己的方式学习,是不是会更开心呢?"

4. 结束时的小号召

技巧举例:"我们努力学习,将来也许能发明更多好玩的学习工具呢!"

5. 互动时间,让气氛活跃起来

技巧举例:"快来举手告诉我你的答案吧!"

沟通实例

大家好!今天我想和大家分享一下我对未来城市的构想。我想象中的未来城市,就像一幅美丽的画卷,充满了科技与自然的和谐共生。在这个城市里,高楼大厦不仅美观,还能自己

产生清洁能源,比如太阳能和风能,让城市变得更加环保。在街道上,智能车辆有序行驶,它们不仅速度快,还能自动避让行人,确保每个人的安全。公园里,绿树成荫,鸟语花香,人们可以在这里放松心情,享受大自然的美好。

最重要的是,未来的城市会更加注重人与人之间的连接,社区里有共享的学习空间、娱乐设施,让每个人都能找到属于自己的小天地。我相信,只要我们共同努力,未来的城市一定会变得更加美好、宜居。

这次你的努力没有白费!

感谢您对我的鼓励。

注意事项

1. 清晰表达观点,避免歧义,语言简洁明了。
2. 构建逻辑体系,确保观点间因果、递进或并列关系清晰。
3. 引用具体事实、数据支撑观点,确保论据可靠。
4. 深入分析论据,揭示原因、意义与影响,加深理解。
5. 精简语言,避免冗长句子,保持听众专注。
6. 借助语调变化与肢体语言,增强表达效果与感染力。
7. 严控内容,避免偏离主题,保持演讲紧凑连贯。

第二篇
校园生活离不开好口才

暖心叮咛

演讲时，观点就像灯塔一样，照亮方向，让听众明白你的意图。所以，要大胆地说出你的想法，让你的观点变得鲜明有力。为了让演讲条理清晰，你可以用"首先……然后……最后"这样的过渡词来串联内容，就像一座座小桥，带领听众走进你的故事。记住，演讲不仅是分享，更是一种连接。用你热情、真诚和清晰的表达，去触动大家的心。做到这些，你就像夜空中最亮的星星，一定会在演讲的舞台上闪耀！

第三篇
与父母沟通离不开好口才

亲爱的小朋友,和爸爸妈妈交流很温馨,一点儿也不复杂。他们是世界上最可靠的港湾,如同夜空中最亮的星,默默照亮并指引我们的路。他们的爱,给我们提供勇往直前的无尽力量,让我们在成长的路上始终感受到温暖与鼓励。

主动分享你的想法

沟通故事

小杰是个聪明伶俐的小男孩,对世界充满了好奇。但他的内心世界却像藏着一座城堡,总是关闭着大门,不让爸爸妈妈轻易窥探。对此,爸爸妈妈都有些着急。他们总是细心观察小杰的情绪变化,希望能成为他最坚实的后盾和最亲密的朋友。然而,他们渐渐发现,小杰在家里越来越不愿意主动分享自己的想法和感受,无论是学校的趣事还是心中的小秘密,小杰都选择沉默不言。这样的状况持续了一段时间,家里的气氛似乎蒙上了一层淡淡的阴影。

这天,爸爸想了个妙招——"心灵密码箱"游戏。大家轮流把心事写出来并放箱子里,再一起打开分享。小杰一开始虽然犹豫,但爸妈的鼓励让他鼓起勇气写了自己的小秘密。分享时,爸妈认真听,让他觉得好温暖:原来,分享没那么可怕!

游戏后,爸妈跟小杰聊了好多,告诉他,家是永远的避风港,有事要说

出来。小杰被爸妈的爱感动了,开始主动分享生活点滴。爸妈总是耐心听,让他觉得好幸福。

从那以后,小杰打开了话匣子,什么都愿意向爸爸妈妈诉说。家里笑声多了,亲子关系也更亲密了。小杰发现,分享不仅能加深感情,还让自己更勇敢自信。

VS 沟通实战

如果你是故事中的小杰,你会怎么和父母分享你的想法呢?下面一起来看看不同的表达方式会带来怎样的沟通效果吧!

低情商表达

最近学校发生了好多事情呢!

都发生了什么?讲给我和你爸听听。

高情商表达

爸爸妈妈,我最近学到了一个新的技能,想和你们分享一下。

很好啊,我和你妈妈很期待呢!

沟通技巧

和父母分享想法时，需要一定的沟通技巧。

1. 学业和新发现

技巧举例："最近我有一些新发现，想和你们聊一聊。"

2. 情感和社交

技巧举例："爸爸妈妈，我最近结交了几个新朋友，想听听你们的看法。"

3. 兴趣探索

技巧举例："我对机器人很感兴趣，从中获得了很多乐趣，也有一些有用的知识，想和你们分享。"

4. 梦想规划

技巧举例："我对自己的未来有一个小小的规划，想听听你们有什么建议。"

5. 兴趣之旅

技巧举例："我这次出去玩有很多的体验和收获，已经迫不及待地要和你们分享啦！"

沟通实例

爸爸妈妈，最近我的脑子里有很多想法，我开始更加明确自己未来的方向，想要追求什么，也意识到自己在学习和兴趣上的热情所在。每次深入探索一个新领域，我都能感受到那种成长的快乐和知识的力量，这让我特别兴奋。

当然，我也明白梦想的实现不会一帆风顺，我知道可能会遇到很多挑战和困难。但请你们相信，我已经做好了准备，会勇敢面对，坚持不懈。你们的支持和鼓励一直是我最坚强的后盾，让我有勇气去追求自己的梦想。

我真的很珍惜和你们在一起的时光，也感激你们一直以来的理解和包容。所以，我想听听你们的想法，无论是关于我的未来规划还是学习生活的点滴，我都希望能得到你们的建议和反馈。

注意事项

1. 选对时机。要在爸爸妈妈放松的时候聊，这样沟通更容易，也更能得到回应。

2. 表达清晰明了。要明确地表达自己的观点，不要含糊，以免引发误会。

3. 情绪要稳定。分享的时候要冷静和理智，不要过于激动，以免影响和父母的关系。

4. 尊重爸爸妈妈的意见。就算他们和我们的意见不同，也要认真倾听，和谐沟通。

5. 接受反馈，进行调整。在和爸爸妈妈分享后，要及时总结他们的意见，认真思考。有必要的话，要对自己的想法进行调整。

暖心叮咛

在这多彩的世界里,你是独一无二的星,光芒闪耀。你心里藏着宝藏:梦想、困惑、欢笑与泪滴。家,是你最坚实的依靠,在这里可以无话不谈,不用隐藏真实想法。见你眉头紧锁或欲言又止,爸爸妈妈多希望你能敞开心扉。分享是魔法,让爱和理解流淌。告诉爸爸妈妈你的想法,无论简单快乐还是复杂烦恼,他们都愿温柔倾听,真心相伴。因为你快乐他们就幸福,你忧伤他们能分担。勇敢地说出来,你的声音就是他们最美的歌。

我们永远是你坚实的后盾。

经常向父母表达感激

> 沟通故事

小杰的父母勤劳踏实,努力经营着这个小家。小杰性格内向,虽然知道父母的辛苦,却不知道该如何向父母表达自己的感激和爱意。父母见小杰不怎么和他们沟通,误以为小杰对他们有所不满。眼看着和小杰之间的隔阂越来越深,父母决定找一个合适的机会与小杰谈心。

一天傍晚,小杰和父亲坐在院子里乘凉。趁着这个时机,父亲和蔼地问:"小杰,我们发现你最近好像有心事,是爸爸妈妈有什么地方做得不对吗?我们想知道你内心真实的想法。"听到父亲的这番话,小杰羞愧地说:"我知道你们很爱我,我只是不知道怎么表达。"父亲听完小杰的话后,明白了小杰的纠结,宽慰他道:"不用过于担心。你日常的举动自然能够让我们明白。"在这次谈话后,小杰开始向父母敞开心扉,表达自己的心情与感激。在这个过程中,

我应该如何表达自己对爸爸妈妈的感激之情和爱呢?

小杰明白了爱是需要表达的。只有表达出来，才能够让对方感受到爱意。

VS 沟通实战

如果你是故事中的小杰，你将会如何表达呢？下面一起来看看不同的表达方式会带来怎样的沟通效果吧！

低情商表达

爸爸妈妈，我能够感受到你们的爱，你们不要过于纠结这个问题。

那你为什么没有在生活中表达出来呢？也不愿意和我们交流。

高情商表达

爸爸妈妈，我不知道如何向你们表达我对你们的爱意与感激。你们能够教我吗？

当然可以。你可以通过一些温柔的话语或举动去表达自己的感激和爱。

沟通技巧

当向父母表达感谢时,与父母之间的沟通需要一定的沟通技巧。

1. 直接表达

技巧举例:"爸妈,早餐真好吃,谢谢你们特地为我准备。"

2. 实际行动表达

技巧举例:"爸妈,看你们平时工作那么辛苦,这个周末我打算把家里打扫干净,让你们能好好休息放松一下。"

3. 具体描述

技巧举例:"爸妈,下雨那天看到你们在校门口等我,我觉得好感动,心里暖洋洋的,谢谢。"

4. 情感表达

技巧举例:"妈妈,你每天又上班又做家务,还抽空陪我,我觉得超级幸福,有你真好。"

沟通实例

爸爸妈妈,我感谢你们为我付出的一切。我知道,妈妈平时认真操持家务,爸爸勤恳工作,维持我们这个小家,大家都在用自己的方式和尽自己的能力来给我一个美好温暖的家庭。在我们这个温馨的小家庭里,我感受到了你们的浓浓爱意和关怀。你们的举动让我感觉自己十分幸福。如果可以,我希望在我放学的时间可以帮助你们整理家务,让你们能有时间休息和

放松,能够在工作后回到家中感受到温暖与关爱,从而解除身体的疲惫,拥有源源不断的活力。

注意事项

1. 感受到父母的好,就要马上说出来,别等到忘了才后悔。

2. 表达感激时要真心实意,最好说说他们具体为你做了啥,这样更感人。

3. 感激父母时,态度要恭敬,别说那些不礼貌、不尊重的话。

4. 感激不仅靠嘴巴说,拥抱、亲吻这些肢体语言也能表达你的爱意。

5. 向父母表达感谢要适度,别太频繁也别太少,恰到好处最好。

6. 除了说声谢谢,还可以告诉他们你当时的感受,比如开心、感动之类的。

暖心叮咛

亲爱的朋友,爸爸妈妈的爱是世界上最无私、最浓厚的爱。面对这样的爱,我们不仅要开心地收下,还要学会主动回馈给

第三篇
与父母沟通离不开好口才

他们。每天，我们都可以用行动和温柔的话，来告诉爸爸妈妈我们有多感激、多爱他们。比如，为他们泡一杯暖暖的茶，给他们一个大大的拥抱，或是简单说一句"我好爱你们"。再或者，和他们聊聊你的日常小事，这些都能让爸爸妈妈心里暖洋洋的，感受到你对他们的深情厚谊。

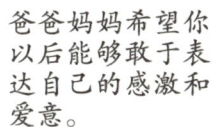
爸爸妈妈希望你以后能够敢于表达自己的感激和爱意。

好的,爸爸妈妈,我知道了！

用沟通减少隔阂

沟通故事

林浩的父母都是普通工人，每日忙于生计，和林浩的沟通时间很少。而林浩的性格又十分内向，久而久之，他和父母之间形成了难以言喻的隔阂，这种隔阂使得林浩整天心事重重。班主任张老师将林浩的情况看在眼里，找了个时机向林浩询问原因。于是，林浩便向张老师倾诉了自己的苦恼。张老师听后，温柔地对他说："我给你支几个小妙招。首先，学会倾听父母的话语。其次，多用'我'语句表达感受，减少指责。最后，多和父母做一些共同的事情。这样一来，你们之间加强沟通，应该可以解决你的困扰。"林浩牢记张老师的话，决定采取行动。那晚，他邀请父母进行"家庭会议"。起初父母觉得很惊讶，但随后被林浩的认真态度打动了。林浩表示很在乎父母，渴望分担他们的辛劳。父母听后深受感动，表示会多陪伴林浩，倾听他的心声。之后，他们开始频繁有效地沟通，互相表达自己的观点。渐渐地，林浩和父母的关系越来越融洽，家庭氛围变得十分温馨。

沟通实战

如果你是故事中的林浩，你会如何表达呢？下面一起来看看不同的表达方式会带来怎样的沟通效果吧！

低情商表达

爸爸妈妈，你们为什么不愿意跟我交流呢？你们整天只知道工作，你们根本就不爱我。

你怎么能这样说呢？我们整天工作，还不是为了这个家吗？

高情商表达

爸爸妈妈，我想和你们交流一下，说说我内心的想法。你们有时间吗？

好的，孩子，是我们工作太忙，忽视了你。

沟通技巧

当和父母产生隔阂时,与父母沟通需要一定的沟通技巧。

1. 适时表达感激

技巧举例:"爸妈,你们为我做了好多事,我心里特别感激。"

2. 耐心倾听,积极反馈

技巧举例:"我想先听听你们的看法,然后再说说我的想法。"

3. 勇敢表达想法

技巧举例:"爸妈,我很想知道你们的想法,这样我就能更懂你们了。"

4. 多建议少指责

技巧举例::"要不我们试试这个方法吧,说不定能帮我们解决问题,你们觉得怎么样?"

5. 学会换位思考

技巧举例:"要是我站在你们的角度,可能也会这么做。"

沟通实例

爸爸妈妈,我知道因为我的一些原因让我们之间有了隔阂。但我认为,我们之间加强沟通交流能够解决这个问题。我一直都知道你们为我付出了很多,我真的十分感谢你们。如果可以,我想更深入了解你们，这样我就能够更好地理解你们的做法。倘若遇见了问题，我希望我们能够多沟通，共同商量出一个解决的办法，你们认为我这个想法如何呢？如果是在平时，我希望你们能够多和我交流，我在听完你们的想法后也能更好地表达我的意见。这样一来，我们能够营造更好的家庭氛围。

注意事项

1. 父母说话的时候，别急着插嘴，给他们时间慢慢说。要有开放的心，试着理解他们的想法。
2. 试着从父母的角度看问题，理解他们的难处和想法。
3. 尊重父母的决定，别老想着让他们按你的想法来。
4. 找个轻松的时候和父母聊天，别在他们忙或烦的时候找他们说。
5. 多和父母说说你的心事，也要耐心听他们说。

暖心叮咛

在这个多变的世界里，只有父母对孩子的爱是一如既往的。

当你忙着长大、往前冲的时候,别忘了回头看看那两位一直在背后支持你的亲人。对他们多点耐心,主动点,多说说你心里的想法,不管是高兴的事、烦心的事还是难过的事,都跟他们分享。别忘了,多聊聊天就能让咱们的心更近。只有多沟通,家里才会充满爱和温暖。

开口说话要有礼貌

沟通故事

小杰的父母整日忙于事业,缺少对小杰的陪伴,于是就在物质上加倍补偿小杰。在这种环境下,使得小杰渐渐养成了以自我为中心的性格,缺乏基本礼貌和对别人的尊重。在一次家庭聚会中,小杰对长辈十分无礼。他的表现引起了所有人的不满,尤其是他的父母。聚会结束后,父母决定与他进行深入的交谈。父亲严肃地告诉他,礼貌是基本的社交准则,如果继续这样无礼,将会失去朋友,甚至影响未来的发展。母亲则温柔地表达了对他的期望,希望他成为一个有礼貌、懂得感恩的孩子。这次谈话让小杰开始反思自己的行为。他意识到自己的无礼不仅伤害了家人,还可能影响自己的未来。于是,他下定决心改变自己。他开始学习如何与他人相处,如何表达自己的意见,同时倾听他人的想法。每当情绪即将失控时,他都会想起那次聚会的尴尬场面和父母的期望,从而调整自己

小杰,你应该学会尊重别人,要对别人有礼貌。

爸爸妈妈,我知道错了,我会改正的。

的态度。随着时间的推移,小杰的变化越来越明显。他的礼貌和谦逊赢得了周围人的赞赏和尊重。

沟通实战

如果你是故事中的小杰,你会如何表达呢?下面一起来看看不同的表达方式会带来怎样的沟通效果吧!

低情商表达

爸爸妈妈,我没有觉得我不尊重别人,我一直都是这样和他们交流的。

小杰,你太傲慢了,竟然没有一点儿认错的态度和礼貌!我们平时是这样教导你的吗?

高情商表达

爸爸妈妈,我知道自己的错误了。你们能够原谅我并教我如何礼貌待人吗?

知错能改就好。以后对待长辈,你应该保持谦卑谨慎的态度,不要顶撞长辈。

沟通技巧

当和父母沟通时,有礼貌的沟通交流需要一定的沟通技巧。

1. 开场白

技巧示例:"爸妈,不好意思打扰一下,我有些事情想和你们聊聊,现在方便吗?"

2. 引入话题

技巧示例:"我最近学习上遇到点难题,有点迷茫,你们能不能给我出出主意?"

3. 表示理解

技巧示例:"我懂你们的意思,不过我的想法可能有点不一样,你们愿意听听我的想法吗?"

4. 接受反馈

技巧示例:"好的,我明白了,我会先试试你们说的办法。"

5. 结束对话

技巧示例:"谢谢爸妈给的建议,以后有问题我还会找你们聊的。"

沟通实例

爸爸妈妈,打扰你们休息了。我最近有点儿学习方面的困惑想和你们交流一下。我已经想过办法解决,但是没有效果,所以麻烦你们听听我的困惑,然后给我提一些建议,好吗?我

想，经过我们的深入交流和讨论后，一定能够形成一些有效的方法。接下来，我将会按照这些方法行事，应该就能够解决我的问题了。

注意事项

1. 跟父母说话的时候，要真心实意，别骗他们。
2. 跟父母聊天时，眼睛多看着他们，这样显得更用心。
3. 想法不一样的时候，别跟父母吵架，也别说伤人的话。
4. 跟父母说话时，多用"您"这样的尊称，还有礼貌用语，这样能显得更尊重他们。
5. 别用那种大声或者不耐烦的口气，说话尽量温柔点。
6. 注意你的动作和表情，要让父母感觉到你的尊重和礼貌。

暖心叮咛

与人打交道时，我们要多笑笑，说话温柔又有礼貌。沟通就像是连接心与心的桥，而礼貌就是那桥上的灯，让咱们聊得更开心、更顺畅。见到人先说声"你好"，让彼此的关系更近。求人帮忙用"请"，人家帮了忙记得说"谢谢"，这样显得咱有教养又懂感恩。如果出现了分歧，要认真听对方说，然后好好回应。学会对人客气点，才能交到更多朋友。

第四篇
社交生活离不开好口才

在纷繁复杂的社交舞台上，好口才如同璀璨的明灯，照亮人际交往的每一个角落。它不仅是沟通的桥梁，更是智慧的火花，让每一次交流都充满魅力与深度。掌握好口才，意味着你能更自信、准确地表达自我，从而赢得他人的尊重与信赖。练好口才，在这个充满机遇与挑战的时代，能让语言成为你的力量，助你开启无限可能的社交生活。

做好自我介绍

沟通故事

周日下午,青青受邀参加了一场朋友间的聚会。这是她拓宽社交圈的好机会,但想到自己总是不善言辞,她心里不免有些不自信。聚会上,大家围坐一圈,轮流分享着生活中的点滴趣事。轮到青青时,她感到一股无形的压力袭来。

"我……嗯,最近……"青青的话语如同被卡住的磁带,断断续续,眼神也游离不定。她本想分享一次难忘的旅行经历,却因紧张与口才不佳,最终只挤出几句干巴巴的话,场面一度变得有些尴尬。朋友们虽以微笑回应,但青青能感觉到那份未尽的期待与失望。

第四篇 社交生活离不开好口才

聚会结束后,青青独自走在回家的路上,心中满是懊恼。她意识到,口才的欠缺阻碍着她与世界的连接,让她错失了许多建立深厚友谊的机会。于是,她想为自己做点什么,却又不知从何做起。

VS 沟通实战

如果你是故事中的青青,你会怎样打破口才的束缚?下面一起来看看不同的表达方式会带来怎样的沟通效果吧!

低情商表达

你们还是别聊我了,换个话题吧!

好像我们还多愿意听似的。

高情商表达

谢谢大家的关心,最近收获很多,而且还参加了很多活动,因而得到了各方面的锻炼。

快和我们分享一下你是怎样成长的,这让我们更好奇了!

沟通技巧

　　为了让大家更好地理解和运用自我介绍，我们可以使用一些富有想象力的技巧。

　　1. 卡通角色版

　　技巧举例："嗨！我是…(你的名字)，就像《……》(孩子喜欢的动画片名)里的……(某个角色名)，总是充满好奇和勇气。"

　　2. 梦想家版

　　技巧举例："你好呀，我是……(你的名字)，我有一个大大的梦想，那就是成为……(你梦想的职业)。"

　　3. 魔法探险版

　　技巧举例："猜猜我是谁？我是……(你的名字)，一个拥有小小魔法的探险家！"

　　4. 超级英雄版

　　技巧举例："哈喽！我是……(你的名字)，但你也可以叫我……(你的昵称，如果有的话)，就像超级英雄一样！"

　　5. 故事大王版

　　技巧举例："你好，我是……(你的名字)，一个爱讲故事的小朋友。"

沟通实例

　　大家好，我叫青青，今年9岁了，是三年级的小学生。我平时喜欢穿蓝色的衣服,因为蓝色就像天空一样,让人觉得很开阔、很舒服。

在学校里,我最喜欢的课程是数学和科学。我觉得解数学题就像玩游戏一样,特别有趣。而在科学课上,我们可以学到很多新奇的知识,比如为什么天会下雨,为什么星星会闪烁,这些都让我觉得世界好神奇!除了学习,我还喜欢画画和踢足球。画画可以让我表达内心的想法,踢足球则让我更强壮,同时也学会了团队合作。

这就是我,一个普通但又独一无二的小学生。希望以后能和大家成为好朋友,一起学习,一起成长!

注意事项

1. 自信微笑,语气真诚,展现亲和力。
2. 精炼内容,时间适中,根据场合定长短。
3. 预先练习,寻求反馈,不断优化。
4. 诚实为本,避免夸大,建立信任的基础。
5. 表达清晰,少用专业术语,确保沟通顺畅。
6. 结合非语言沟通,仪态得体,展现自信。

暖心叮咛

小朋友，请记住，自我介绍是交朋友的小魔棒。可以简短说出你的名字，再加点小秘密，如你喜欢的颜色、梦想或特长。保持微笑、自信满满的样子，就像小星星一样闪亮。每次见面都用心准备，让大家一眼就记住你。在师长、同学、新朋友面前勇敢展现自己吧！用你的自我介绍，开启快乐交流的大门，收获满满的友谊，加油！

尊重他人的隐私

> 沟通故事

楠楠是个性格活泼外向的孩子，总喜欢和朋友们分享他的所见所闻。但有时候，他说话不太注意。有一天课间，他兴奋地跟朋友们聊起了新转来的同学莉莉，不小心就把莉莉私下告诉他的家庭困境说了出去，而且一点儿也没遮掩。

莉莉本来希望这件事能随着时间慢慢被人忘记，没想到现在却成了同学们闲聊的话题。她觉得自己脆弱的一面被别人无情地揭开了，特别难受。从那以后，莉莉就变得沉默寡言，和大家的距离也越来越远。

班主任张老师注意到了莉莉的变化，就私下找楠楠谈了谈。张老师温和地告诉楠楠，尊重别人的隐私是交朋友的基础，不

能因为好奇就去伤害别人。楠楠听了以后，心里特别自责，他意识到自己的无心之言给莉莉带来了很大的痛苦。

沟通实战

如果你是故事中的楠楠，你会怎样解决这个问题？下面一起来看看不同的表达方式会带来怎样的沟通效果吧！

低情商表达

这有什么大不了的，大惊小怪！

不尊重他人，也很难赢得他人的尊重。

高情商表达

对不起，我不知道这是莉莉的秘密，以后再也不泄露别人的隐私了。

尊重是互相的，对于别人的隐私，可千万不能随便往外说呀！

沟通技巧

与人交流时，学会尊重他人的隐私是非常重要的一堂成长课。下面是一些简单又温馨的技巧，大家不妨学起来。

1. 礼貌询问前先问能不能说

技巧举例："嗨，我可以问你一个小问题吗？如果你现在不想说，那就算了，没关系的。"

2. 表达你的理解和尊重

技巧举例："每个人都有自己的小秘密，我也有，所以我懂得保护你的隐私。"

3. 轻松换个话题，不让对方尴尬

技巧举例："可能现在说这个不太对劲儿，不如我们说说昨天晚上做的美梦吧！"

4. 用好朋友的方式提问

技巧举例："你平时有没有什么好玩的事情，想分享一下的？"

5. 用魔法语言悄悄探索

技巧举例："你有没有发现生活中有什么小魔法，能让你一下子变得开心或者放松的？"

沟通实例

嘿，你们知道吗？我最近学到了一个很重要的道理，就是要尊重他人的隐私。我们每个人都有自己的小秘密，不想让别人知道，对吧？所以，当我们和别人聊天时一定要记得，不要

随便把其他人私下告诉我们的事情说出去,那样会让他们感到很不舒服的。如果我们自己的小秘密被别人偷偷知道后传开了,我们也会觉得很难过,对吧?所以,我们要做一个懂得尊重别人隐私的好朋友,这样大家才会更加信任和喜欢我们!记得哦,尊重他人的隐私,从我做起!

💡 **注意事项**

1. 选择合适的场合:沟通私密话题时,确保环境安静,避免在公共场合进行。

2. 保护隐私安全:利用加密、私人聊天或面对面交流保护信息。

3. 尊重个人空间:不主动打听私密事务,尊重对方的隐私。

4. 谨慎表达:在私密事务上,用词谨慎,避免泄露信息或被误解。

5. 不传谣言:保密信息,拒绝传播他人的私密信息。

第四篇 社交生活离不开好口才

暖心叮咛

每个人的心里都有一片特别的秘境,不要轻易去触碰。当我们倾听别人时,要适可而止;如果对方不愿意说,我们要用理解和包容来守护他们。不要打探别人的隐私,也不要泄露别人的秘密。当我们分享自己的事情时,也要给别人留下空间,让我们的对话充满信任和尊重,就像清泉滋润心灵一样。用你的善良和智慧,一起打造一个尊重隐私的和谐世界吧!

插话要讲究时机

> 沟通故事

在一个宁静的傍晚，读书吧内灯光柔和，音乐悠扬。冰冰与好友小雅坐在角落里，本打算享受一段悠闲的聊天时光。冰冰是个思维跳跃的女孩儿，总爱即兴发表见解。谈话间，每当小雅刚准备细说自己的想法时，冰冰便不由自主地打断道："哎，小雅，我觉得……"她的语速之快，让小雅的话屡屡被截。

小雅几次尝试继续，但都被冰冰的热情打断，渐渐地，她的笑容变得勉强，眼神中闪过一丝不悦。冰冰沉浸在自己的表达中，并未察觉小雅的变化。终于，小雅轻轻叹了口气，选择暂时沉默。

这时，邻近的一位大姐姐轻声提醒："小姑娘，听人说话也

是一门学问哦,给对方完整表达的机会,会让沟通更愉快。"冰冰闻言,脸上一红,猛然意识到自己的疏忽。她转头看向小雅,只见小雅正温柔地望着她,眼中并无责怪,只有鼓励。那一刻,一阵说不出的滋味涌上了冰冰的心头。

沟通实战

如果你是故事中的冰冰,你会怎样处理这样紧张的氛围?下面一起来看看不同的表达方式会带来怎样的沟通效果吧!

低情商表达

您怎么偷听我们讲话呀,和您有关系吗?

看来,你这没礼貌的习惯也不是一天两天了。

高情商表达

谢谢您,帮我改正了一个错误的习惯,我一定按您说的,把握好插话的时机。

希望我的小小建议能够真的帮助到你!

沟通技巧

在和小伙伴们聊天时，插话也是有小窍门的，这样可以让我们的对话更加有趣，还不会让朋友觉得不开心。下面是一些插话的小技巧。

1. 礼貌问问，看是不是好时机

技巧举例："嗨，我可以说句话吗？我也想说说我的想法。"

2. 找个空档，轻轻加入

技巧举例："你刚才说的那个，我觉得……（你的想法），可以加上一点点……"

3. 用小过渡，把话连起来

技巧举例："我想到了你刚说的，我还知道一个像这样的故事……"

4. 先说同意，再说不同

技巧举例："对啊，你说得对！不过，我还有个小想法……"

5. 简单明了，说重点

技巧举例："我想说的是……（直接讲你的观点）。"

6. 不小心打断，快快道歉

技巧举例："哎呀，对不起，我不是故意的，你接着说。"

7. 用身体说话，更友好

技巧举例：点头、微笑，或者小手轻轻举一下，告诉朋友你想说话啦。

第四篇 社交生活离不开好口才

沟通实例

小明和小华正在教室里聊天,小明兴奋地分享着他周末的冒险经历。这时,小红走过来,想加入他们的对话。

小红(急切地):"哎,我也有个好玩的事情要说!"

小明(稍微打断):"小华,你先听我说完这个,然后小红你再说,好不好?这样我们就不会打乱话题了。"

小华(微笑):"没错,小明正说到关键时刻呢,我们听完再轮到听你说,这样更公平。"

小红(理解):"哦,对不起,我没想到这个。那你们继续,我等一下再说。"

过了一会儿,小明讲完了他的故事,小华也分享了自己的看法。这时,小红适时地插话进来。

小红(开心地):"好啦,现在轮到我了!我周末也去了一个超有趣的地方……"

💡 **注意事项**

1. 观察时机,避免打断对方的思路。

2.简短礼貌地表达插话的意愿,如"我可以说两句吗"。

3.保持言语精炼,直抒观点,不冗长。

4.尊重对方,避免使用攻击性语言,平和地表达不同看法。

5.插话后倾听回应,尊重对方的意见,灵活调整发言。

暖心叮咛

交谈时,插话要选择合适的时机!先耐心听朋友说,用微笑和眼神表达兴趣做出回应。等他们停顿时,再慢慢说出你的想法。别随便打断别人,那样很不礼貌。学会保持沉默,让朋友把话说完也很重要。学会看场合插话,轻松时随意,严肃时小心。做到尊重每个人,这样你的发言会让大家更亲近,口才就会成为友谊的小桥梁。

大人说话的时候孩子们都很尊重长辈。

长辈也要在我们说话时,尊重我们呦!

第四篇
社交生活离不开好口才

别只顾着自己说话

> 沟通故事

宁静的傍晚，斌斌和好友阿杰相约在校园的林荫道中散步。斌斌是个热爱分享的人，一旦打开话匣子便难以收住。夕阳的余晖下，他兴奋地讲述着最新的网络热词和自己的奇思妙想，手舞足蹈，全然未注意到阿杰偶尔闪烁的犹豫眼神。

阿杰几次想插话，谈自己对未来的规划或是周末的趣事，但斌斌的话语如潮水般涌来，让他无从开口。阿杰的心中渐渐涌起一丝烦躁与失落，笑容也变得勉强起来。

终于，在斌斌又一次沉浸在自己的世界里时，阿杰轻轻地拍了拍他的肩膀，温和地说："斌斌，你的故事很有趣，但我也很想分享我的想法给你。我们可以轮流说吗？这样我们的交流才更融洽。"

斌斌闻言，顿时意识到自己的疏忽，脸上浮现出一丝歉意。

沟通实战

如果你是故事中的斌斌,你会如何处理这件事呢?下面一起来看看不同的表达方式会带来怎样的沟通效果吧!

低情商表达

我说完你再说不行吗?

你不嫌烦,我都觉得烦!

高情商表达

对不起,我太激动了,没有把控好时间,忽略了你们的感受。

没事儿,你也是高兴,所以才激动得停不下来。

沟通技巧

当你和朋友聊天时,想要让对话更有趣,还能让朋友也开心地分享，可以试试这些简单又温馨的小技巧。

1. 问问朋友的看法

技巧举例："嘿，你对这个有什么想法呢？我特别想知道你是怎么想的！"

2. 告诉朋友你理解他们

技巧举例："你是怎么做的呢？我想听听你的故事。"

3. 用有趣的问题开始

技巧举例："你最喜欢这个故事里的哪一部分？为什么呢？"

4. 记得说"谢谢"，然后鼓励朋友继续

技巧举例："哇，你刚才说得太有意思了！"

5. 发现自己说得多了，就换个方式

技巧举例："哎呀，我好像说得有点多了。其实，我更想听听你是怎么想的。你觉得呢？"

6. 用身体语言告诉朋友你在听

技巧举例：点头、微笑，还有用眼睛看着朋友，这些都是告诉他们"我在认真听"的好方法。

沟通实例

小明、小华和小红聚在一起聊天，小明一开始便滔滔不绝地分享自己最近遇到的趣事。

小明（兴奋地）："你们知道吗？我最近去了一个地方，特别有趣……"

小华（微笑倾听）："嗯，听起来真不错，然后呢？"

小红（轻轻插话）："小明，你先等一下，小华上次说的那

个电影还没讲完呢，我也想听听。"

小明（意识到）："哦，对不起，我光顾着自己说了。小华，你继续，说完了我再分享。"

小华（感激地）："谢谢，其实那个电影真的很精彩……"

小红（点头）："是啊，我们聊天也要让大家都有机会说话，不能只顾着自己。"

注意事项

1. 沟通中保持谦虚友好，避免自我中心，尊重对方，注意言行得体。

2. 倾听为沟通之基，关注对方感受，促进理解，减少误解。

3. 适时回应对方，展现兴趣与尊重，确保对话流畅有趣。

4. 运用对方的惯用语，增强亲切感，使信息传递更顺畅。

5. 面对批评或不同意见，避免直接反驳，维护沟通的和谐。

6.保持情绪同步,建立共鸣,让沟通更加顺畅有效。

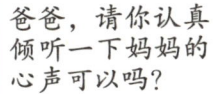

记得分享的时候也需要学会倾听。交谈就像绘画,每种色彩都很重要。我们要先让对方说,并用眼睛注视对方,用心感受对方的世界。不打断,不急躁,让沟通成为心灵的桥梁。倾听是一种美德,让人更懂彼此。交谈的时候放慢语速,多一些耐心与关注,让对话在尊重和理解中更加轻松。

小 结

在这个精彩纷呈的世界中,我们每个人都是自己人生舞台上的主角。但我们不能只沉浸于此,我们也要和别人沟通交流,在自己社交圈的舞台上扮演好自己的角色。而这个过程离不开我们与他人的沟通交流。它能够让更多人理解和接受我们的想法,能够让更多人听见我们的声音。因此,拥有好的口才对于我们人生的重要性不言而喻。那我们应该如何锻炼口才呢?首先便是倾听。只有当我们用心倾听别人的话语时,我们才能够更好地理解他人,更好地回应他人。其次,注意表述是否清晰。一个清晰有逻辑的表达能够让对方更好地理解我们的观点。除了前面两点以外,我们在表达自我时要注意情感的投入,这样才会使表达更具有感染力。总之,我们应该努力提升自己的沟通能力,促进自身的发展。